SOCIÉTÉ FRANCO-JAPONAISE DE PARIS

" L'HONNEUR JAPONAIS "

SUCCÈS D'ODÉON

PAR

M. Edouard GAUTHIER

Rédacteur en Chef du *Théâtre à Paris*

Extrait du Bulletin N° XXX. — *Juillet 1913.*

PARIS

BIBLIOTHÈQUE DE LA SOCIÉTÉ

59, Avenue du Bois-de-Boulogne, 59

(Musée d'Ennery)

1913

SOCIÉTÉ FRANCO-JAPONAISE DE PARIS

" L'HONNEUR JAPONAIS "

SUCCÈS D'ODÉON

PAR

M. Edouard GAUTHIER

Rédacteur en Chef du *Théâtre à Paris*

Extrait du Bulletin N° XXX. — Juillet 1913.

PARIS
BIBLIOTHÈQUE DE LA SOCIÉTÉ
59, Avenue du Bois-de-Boulogne, 59
(Musée d'Ennery)

1913

« L'Honneur Japonais » Succès d'Odéon

PAR

M. Edouard GAUTHIER

RÉDACTEUR EN CHEF DU *Théâtre à Paris*

Le fin lettré si modeste, l'homme de goût qu'est M. Edouard Gauthier s'est demandé, dans son amour du théâtre si la Scène Parisienne ne pouvait laisser chaque année un souvenir aux amateurs de belles éditions. Il s'est naturellement dit qu'elle le pouvait et qu'elle le devait Et c'est ainsi qu'il s'est donné à lui-même la mission de tenter la chose. Et c'est ainsi aussi que nous lui devons déjà deux sensations vraiment exquises, deux délicates jouissances que l'on n'oublie pas : *Le Théâtre à Paris en 1911*, *Le Théâtre à Paris en 1912* (1). Critiques connus, dessinateurs non moins estimés, imprimeur, tous ont tenu à répondre, et à répondre à l'envi au désir bien parisien de notre ami Edouard Gauthier et de M. Louis Brouazin qui a pris la direction de l'œuvre. Leur collaboration à tous est de celles qui fondent à chaux et à sable, notre passion des publications réellement dignes de ce nom nous le fait sentir.

Le Théâtre à Paris en 1912 ne pouvait pas ne pas parler de *L'Honneur Japonais*. Et dans son culte qui n'est pas d'aujourd'hui, pour les choses du Japon, et qui est aussi vif que son culte pour le théâtre, le Rédacteur en Chef ne pouvait pas ne pas en parler lui-même. Il l'a fait, lui, le vieil ami de notre regretté Régamey, en japonisant consommé et sincère, et, comme le faisait M\text{me} Judith Gautier pour ses délicieux *Poèmes de la Libellule* que notre Bulletin va avoir le grand honneur de réimprimer dans son Numéro d'Octobre, il a demandé à son tour à un artiste japonais d'agrémenter son texte. M. Yeutchi Shunshô, qui n'est pas un inconnu pour nous (2), a semé l'article de ces ravissantes improvisations dont en une autre circonstance nous l'avons vu couvrir, en moins d'une heure, vingt feuilles de papier à la grande surprise et à la grande joie de tous. On lira avec intérêt la page de M. Edouard Gauthier, nous n'en doutons pas ; on goûtera tout autant le crayon de M. Yeutchi Shunshô, puisque, grâce à M. Edouard Gauthier, nous pouvons offrir également les improvisations suggestives et bien personnel es de l'artiste japonais. Mais dans notre reproduction, quelque chose par malheur, manquera ; ce quelque chose, on voudra certainement aller le chercher dans la publication elle-même, et on aura bien raison de le faire : ce sont l'art de la disposition du semis des dessins sur ces belles grandes pages, la magistrale planche en couleurs où le peintre nous donne, lui, Japonais, la vraie scène du hara kiri dans une des adaptations de Chushingura au Théâtre Japonais et enfin l'impression même si soignée.

Dans la *Revue des Périodiques* de nos N° XXVI-XXVII (Juin-Septembre 1912), un mot a déjà été dit de cette sorte d'adaptation à la Scène Française de la fameuse tragédie japonaise des Quarante-Sept Rônin. Un passage du feuilleton de M. Brisson dans le *Temps* a même été reproduit. Si on se plaît à rapprocher ce passage des pages de M. Edouard Gauthier, on sera tout de suite frappé de la différence d'appréciations et on se demandera comment deux hommes connaissant et aimant judicieusement notre

---

(1) *Le Théâtre à Paris en 1911* et *Le Théâtre à Paris en 1912*, M. Louis Brouazin, Directeur, M. Edouard Gauthier, Rédacteur en Chef Paris, rue Henri-Monier, 21. Prix de chaque partie : 3 francs, Etranger : 3 fr. 50

(2) Voir *Bulletin de la Société Franco-Japonaise de Paris*, n°ˢ XXIII-XXIV (Septembre-Décembre 1911) : *Yeutchi Shunshô, Décorateur Japonais et Peintre Montmartrois* (pages 116, 117 et 118).

théâtre comme MM. Brisson et Gauthier peuvent parler si différemment. La réponse est bien simple. M. Brisson et, en somme toute la critique parisienne, si favorable à l'*Honneur Japonais*, n'ont vu qu'une pièce de Français s'adressant à des Français, sans se soucier aucunement de cette mentalité, de ces mœurs, de ces usages des Japonais, lettre morte pour eux, après tout. M. Edouard Gauthier, au contraire, devait voir l'œuvre à travers un tout autre prisme, à travers son prisme de japonisant averti et décidé toujours à se documenter minutieusement auprès des intéressés eux-mêmes. On sent bien ce scrupule compréhensible et louable en le lisant. En écrivant son article qui devient un document, M. Edouard Gauthier a entendu faire œuvre de redresseur d'erreurs inconscientes. Il a eu raison et c'est là surtout la raison qui nous a poussés à le prier de nous permettre de reproduire sa page si juste. Nous le remercions d'avoir accepté.

E. A.

Dessin de Yeutchi Shuncho

Ko no Moronao, du théâtre japonais, qu'aurait dû représenter le prince de Sendaï d'Odéon.

Dessin de Yeutchi Shuncho

Enya Hangwan Takaçada, du théâtre japonais, qu'aurait dû représenter le prince d'Osaka d'Odéon.

D'une façon générale, l'*Honneur japonais*, représenté à l'Odéon en avril 1912, fut accueilli et acclamé comme chef-d'œuvre; son succès d'appréciation, à défaut de son succès d'argent, fut considérable. Plusieurs critiques, et non des moindres, crurent avoir senti vibrer en cette pièce un souffle cornélien. On dépensa pour l'analyse de l'œuvre les adjectifs des beaux soirs. L'enthousiasme se déploya au-delà de toute prudence.

L'*Honneur japonais*, avançait un censeur approbatif, « est une sorte de comédie cornélienne dont les tableaux auraient été découpés et présentés par un Shakespeare barbare ». Un second arrivait pour surenchérir, et de quelle manière ! « L'action a un caractère japonais que ne trouveront jamais en défaut les connaisseurs les plus renseignés des légendes et des mœurs japonaises. Elle a fourni à M. Jusseaume l'occasion et la matière de six estampes que tout Paris ira admirer. Elles

Dessins de Delaroche.

M. GRÉTILLAT
Le prince de Sendaï (Odéon).

M. DESJARDINS
Le prince d'Osaka (Odéon).

sont d'une couleur locale juste et variée qu'on ne saurait trop louer. Les costumes ne le cèdent en rien aux décors : ils sont aussi d'une exactitude, d'un pittoresque et d'une [richesse de tons tout à fait dignes de la [pièce et de son cadre ».

D'autres opinions s'élançaient plus loin encore dans le sens favorable. La conclusion du compte rendu d'un grand journal du matin couvrait d'un défi plein d'assurance cette presse unanimement élogieuse : « Je ne vois pas », déclarait le signataire, « quelle objection le juge le plus sévère pourrait bien adresser à la composition de cet ouvrage ». Une objection, mon Dieu non, une légère remarque tout au plus, celle ci : au point de vue japonais, le succès d'O-déon est un scandale ; cette pièce est une lamentable parodie, dans sa composition et dans son détail, de la légende fameuse des *Quarante-sept Ronins* ; les photographies de ses scènes, reproduites dans les quotidiens de Tōkyō,

Dessin de Yeutchi Shuncho.

Le prince de Sendaï
(Odéon).

Dessin de Yeutchi Shuncho.

Le prince d'Osaka
(Odéon).

ont provoqué l'étonnement et le rire. *L'Honneur japonais* de l'Odéon équivaut à *Œdipe Roi* transposé en opéra-comique, sinon en opérette. Voilà tout.

S'il s'agissait d'une œuvre originale, indépendante de tous liens, mise à la scène avec le goût arbi-vent celui du second Théâ-pas lieu d'insister. Mais on veille, à la reconstitution rité, tant au point de vue matériel. Alors, il faut

C'est une aventure de qui a pu, avec de grandes sement applaudies par la et en détail une des plus une légende point très an-un fait d'histoire du pays brité de l'épopée de Du d'Arc chez nous, une lé-rature nationale sous mille une foule d'éditions, de phie prodigieusement abon-à la scène dix ou onze fois, duite, imagée et publiée ici.

traire et risqué, qui est sou-tre-Français, il n'y aurait a crié très fort à la mer-d'un Japon éclatant de vé-moral qu'au point de vue voir.

théâtre bien curieuse celle mines érudites chaleureu-critique, massacrer en gros fameuses légendes du Japon, cienne qui amplifie à peine et conserve, là-bas, la célé-Guesclin ou celle de Jeanne gende passée dans la litté-formes variées, comportant rééditions et une iconogra-dante, une légende adaptée une légende, d'ailleurs tra-L'erreur est d'autant plus

Enya Hangwan Takaçada
(Osaka, à l'Odéon)
au moment du harakiri (théâtre japonais).

condamnable qu'elle fut systématique et voulue. Dès que l'on annonça la réception à l'Odéon de l'ouvrage, de M. Paul Anthelme, nombre de Japonais et de japonisants offrirent le concours bénévole de leur documentation. On découragea, mieux, on négligea ces bons vouloirs pleins d'autorité. Une effarante méprise s'ensuivit.

Quels sont ces Japonais de fantaisie, bizarrement attifés, qui usent de la poignée de main, saluent en se vautrant à même les planches, se vêtent d'un peignoir de bain quand ils se devraient tenir en costume de cérémonie, et pérégrinent en leur appartement chaussés de sandales ? Qu'est-ce que ces samuraïs qui jouent de l'éventail comme des Chinois de paravent et développent d'amples flanconades dans une escrime qui n'use que de coups droits. Qu'est-ce que ces fiancés japonais qui vont se promener au jardin avant leur mariage accompli ? Qu'est-ce que ce chef-d'œuvre ?

D'abord, l'intitulé de la pièce, *l'Honneur japonais*, est inexpressif de l'action. *Tchoushingoura*, le titre de la légende japonaise, signifie à peu près *Collection de serviteurs fidèles*, et c'est en effet beaucoup plus une apothéose de fidélité et de dévouement que d'honneur proprement dit. Le fait historique qui provoqua l'aventure merveilleuse des Ronins et son extraordinaire développement littéraire et scénique vient d'un épouvantable conflit qui éclata, au début du XVIIIe siècle, entre Kira Kozoukénokami Yoshinaka, maître des cérémonies, non de l'empereur, mais du shôgun, son tout puissant maire du palais, et Açano Takouminokami Naganori, seigneur d'Akō. Celui-là, vulgaire, présomptueux et couard, celui-ci noble de haute race, généreux, mais irascible. Kira ayant humilié le seigneur d'Akō, ce daïmio se revancha à l'instant même, en frappant de son sabre son méprisable insulteur. L'attentat était d'autant plus audacieux qu'il se passait dans le palais du shôgun, grand protecteur du maître des cérémonies. Le daïmio fut condamné au harakiri et ses biens tombèrent à la confiscation. Cette iniquité souleva l'initiative vengeresse tout à fait admirable des samuraïs d'Akō qui, sous l'inspiration de Öishi Yoshio, leur chef, n'eurent de cesse jusqu'à ce qu'ils pussent mettre à mal l'ennemi de leur maître.

Dessin de Yeutchi Shuncho.

M. JOUBÉ. Yagoro d'Odéon
Acte Ier

M. DENIS D'INÈS
Kira

Au théâtre japonais, par suite de la coutume exigeant que le personnage historique transféré à la scène prenne un pseudonyme, Kira Kozoukénokami Yoshinaka devient Kô no Moronao ; Açano Takouminokami, devient Enya Hangwan Takaçada et Öishi Yoshio, Öboshi Youranoçouké. A l'Odéon, ces trois acteurs principaux s'appellent respectivement : prince de Sendaï, prince d'Osaka et Yagoro — (tout à fait indûment d'ailleurs, Yagoro étant un autre personnage ronin). Voilà l'affaire.

Par suite d'une transposition déconcertante, comme il s'en présente souvent dans *l'Honneur japonais*, le caractère des deux grands protagonistes de l'action se trouve interverti : Yagoro apparaît en furibond — l'interprétation de

M. Joubé, exagéra cette tendance — et Osaka, en homme paisible et vaguement rêveur, alors] que dans la réalité japonaise il en va tout au rebours : le frénétique c'est Osaka et le pacifique Yagoro. En effet, Osaka, seigneur raisonnable, eut gardé son sabre tranquille dans le palais du shôgun et Yagoro, farouche emballé, n'eut point su, pendant des mois, retarder sa vengeance.

Dès le premier acte, les fautes surgissent de tous côtés dans un décor brutalement colorié qui, lui-même, est amplement fourni d'inexactitudes. Ainsi le fond du tableau révèle, en plan très rapproché, une vue du Foudji-Yama ; or, de Kyôto, où doit se passer l'action, aussi bien que du château d'Akô — dont les ruines existent encore au pays de Harima — où M. Anthelme semble l'avoir arbitrairement transportée, il est impossible d'apercevoir ce volcan qui se trouve situé plus haut, dans la direction de Tôkyô. —

Dessins de Yeutchi Shuucho.

M. Joubé.
Yagoro d'Odéon

Oboshi Youranoçouké,
du théâtre japonais, qu'aurait dû
représenter le Yagoro d'Odéon.

La maison de Yagoro, à droite du décor, est une cahuette de paysan, point convenable pour un samuraï, et tout à fait incapable, ou outre, de contenir l'intérieur spacieux que la décoration de l'acte IV expose comme lui appartenant.

Que se passe-t-il dans ce cadre faux ? Maintes choses saugrenues : Kintzeï, poursuivant de Miya, fille de Yagoro, tutoie sa fiancée — ce qui est contraire à la politesse japonaise. Yagoro, tel un mercier de la rue Rochechouart, appelle sa femme *mon amie*, et celle-ci réplique au samuraï sans faire suivre son nom de l'indispensable qualificatif *san* (1), qui veut dire seigneur. Les lamentations d'Osaka relatives à sa vie manquée sont celles d'une femme. Il est tout à fait impossible que Yagoro puisse causer à son prince sur

Dessin de Yeutchi Shuncho

Sayemone
fils du Yagoro d'Odéon
Oboshi Rikiya,
au théâtre japonais.

Dessin
de Yeutchi Shuncho.

Nosuké,
samuraï de Sendai
(à l'Odéon).

(1) Ou mieux *Sama.*

le ton familier qui est marqué dans la pièce, et plus impossible encore que la princesse survenue, ose se mêler à l'entretien des deux personnages.

Mais la monumentale bévue qui naît ici pour dominer tout l'ouvrage, est celle de faire dépendre l'aventure inouïe des *Quarante-sept Ronins* d'un éventail qu'Osaka achètera, pour séduire Sendaï à l'artiste Yorinobou — d'ailleurs évoqué là bien à tort, attendu que c'était un peintre du genre oukiyoé et ne pouvait, par conséquent, être connu des nobles (1).

Dessins de Yeutchi Shuncho.

Siodji, fils de Sendaï (n'existe pas au théâtre japonais).

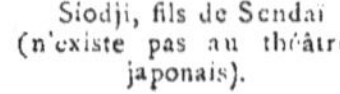

Princesse d'Osaka, d'Odéon. Kaoyo Gozen au théâtre japonais.

Au second acte, c'est la discussion entre Sendaï et Osaka, à propos de l'éventail qu'un traître intermédiaire a acquis en l'état de copie en place de celui d'original. Pourquoi avoir situé cette discussion dans un temple, ce qui rend tout à fait invraisemblable le coup de sabre d'Osaka ? En toute justice, Sendaï devrait se fâcher contre Osaka dès l'apparition de celui-ci, attendu que ce solliciteur le vient visiter, non en costume de cérémonie, ainsi qu'il conviendrait, pas même en kimono, mais enveloppé d'une robe d'appartement tout à fait étrange. Il est vrai que lui-même est habillé avec une fantaisie déroutante...

Cette scène de l'attentat ne comporte aucun des détails qui la rendent à la fois si impressionnante et si pittoresque au théâtre japonais. Et puis, pourquoi avoir augmenté de scurrilité la basse violence de Sendaï ? Pourquoi, dans le tragique de la situation, faire pester le personnage après ses porteurs de litière qui, tels des cochers de fiacre abusant du stationnement, *mettent trop de temps à manger le riz* ? Pourquoi, après l'irrémédiable accompli, les doléances et les gémissements d'Osaka ? Pourquoi des regrets et des étreintes entre Yagoro et son fils que les événements séparent ? Quels sont, encore une fois, ces Japonais geignards et marmiteux ?

Dessin de Yeutchi Shuncho.

Mlle Mona Gondré Mitsou, fils du Yagoro d'Odéon.

Au second tableau de l'acte II, l'erreur gagne en abondance et en intensité. Le décor est entièrement faux ; son japonisme est chinois ; il encombre le

(1) Le peu d'estime des nobles pour l'école de l'Ukiyoe n'empêchait cependant pas ces nobles de connaître les grands artistes de cette école. Notre observation toutefois ne saurait être une réplique en faveur du moyen employé par le dramaturge français. La critique de M. Edouard Gauthier reste juste, malgré la toute petite pointe d'exagération de son dire.

théâtre d'un énorme portique noir et or qui ne laisse aucun doute à cet endroit, et ce portique encadre une perspective du Foudji-Yama, reproduit par erreur, et qui est là aussi choquant que lui. Ici a lieu le fameux harakiri d'Osaka. Le prince, sans doute distrait, vient au supplice habillé du violet consacré aux fêtes de famille. Cette scène allongée, gonflée hors de toute proportion, est embarrassée de trop de monde, d'autant qu'il s'agit de harakiri ordonné et qu'en plus du délégué du shôgun et du juge de l'exécution il devrait y avoir, derrière le patient, le bourreau pour le frapper à la tête au moment où il se perce le ventre. On comprend que ce bourreau ait été évité, mais, en compensation de cet incommode figurant, trop d'acteurs, il faut y insister, garnissent le plateau. La princesse ne peut être là ; ses objurgations, ses pleurs sont inadmissibles, car le harakiri, dans les conditions où il est commandé par le shôgun, définit une marque suprême de considération. Et Osaka lui-même parle trop. Il est vrai que le *Ier commissaire* lui laisse latitude de prendre tout le temps qu'il voudra mais, franchement, il abuse : il récrimine, il se plaint, il évoque *les affreux supplices et les brûlures éternelles de l'enfer (sic)*. Quand enfin on lui remet son sabre. Osaka prend encore du répit pour regretter en termes ailés la belle nature, les cerisiers en fleurs et les petits oiseaux. Il meurt enfin, mais tout à fait à contre-cœur. Pour comble, M. Desjardins dessinait fort gauchement le geste de son suicide, et cette atechnie était d'autant plus mal venue que la perfection du harakiri du seigneur d'Ako est restée tout à fait célèbre.

Dessin de Yeutchi Shuncho.

Miya, fille du Yagoro d'Odéon.

Dessin de Yeutchi Shuncho.

M. Deslontaines
Samuraï d'Osaka, à l'Odéon.

L'acte se termine par une méprise enthousiaste. Les commissaires du shôgun sont à peine sortis que Yagoro bondit sur l'estrade occupant le milieu de la salle et convie à venger leur maître tous les samuraïs d'Osaka ; la plupart acceptent, mais quelques-uns refusent. Comment, dans ces conditions, ne pas supposer Sendaï prévenu du complot et l'étouffant tout aussitôt. Le Yagoro de M. Anthelme — un impulsif, nous l'avons dit — aggrave de fantasmagorie son imprudence. *Mes amis, mes braves,* déclame-t-il, *lions-nous par un serment solennel !..*

A ces accents farouches, une projection complaisante jaillit des cintres, et dans le halo créé autour du cadavre, les conjurés tendent leurs mains et prêtent le serment requis.

En place de cette péripétie, dont l'effet semble avoir été emprunté au consul Antoine, dévoilant le corps de César, du peintre Joseph-Désiré Court — effet d'ailleurs produit dans je ne sais quelle tragédie du Her Majesty's Theâtre, en 1898 — le théâtre japonais emploie le trait plus sobre et autrement expressif que voici : Yagoro, ou plutôt Öboshi Youranoçouké arrive au moment où Enya Hengwan Takaçada (le Osaka de l'Odéon), vient de faire harakiri. Le daïmio, sur le point d'expirer, ne peut parler et, le pourrait-il, que la présence des délégués du shôgun l'en empêcherait. Lors il tire de son ventre le sabre dont il s'est frappé et il le tend à son fidèle, qu'il fixe avec des yeux où s'exprime son désir d'être vengé. Öboshi comprend et acquiesce par un regard non moins éloquent. On conçoit quelle impression peuvent créer ainsi deux tragédiens effervescents, et Sendaï se trouve de la sorte bien plus sûrement condamné que par la claironade illuminée de l'Odéon.

Dessin de Yeutchi Shuncho.

Mme GRUMBACH, femme du Yagoro d'Odéon
O Ishi, au théâtre japonais.

On ne peut se figurer, d'après son décor, que l'établissement de thé du troisième acte puisse être situé à Kyôto, et cependant c'est bien en ce lieu, dans la maison de rendez-vous Itchiriki, que le chef des samuraïs d'Akö crapulait et faisait gogaille afin de tromper la méfiance et de dérouter l'inquisition de Kira, le bourreau de son seigneur. Même elle existe encore à Kyôto, cette maison Itchiriki ; mais la maison de M. Jusseaume ne lui ressemble en rien. Le décorateur s'est trompé. Ce qu'il a créé d'après quelque estampe — peut-être de Hokousaï — c'est une maison de thé à la campagne, et parée pour une fête.

Dessins de Yeutchi Shuncho.

Ishido-ou-manojo,
auquel aurait dû ressembler
le délégué de l'Empereur (*sic*).

M. MATHILLON
Choito, conseiller de
l'Empereur à l'Odéon.'

Nullement documenté, le service fait *aus la cour* — ce qui est énorme — par les chanteuses de Mme Prune. Autre énormité, la présence de Mme Yagoro et de son fils dans cette maison gaie. Exagération, l'ivresse de M. Joubé : Öishi Yoshio contrefaisait le dément beaucoup plus que l'ivrogne.

L'intérieur de Yagoro, l'intérieur aux amples proportions de l'acte IV, où l'on célèbre le mariage de Miya et de Kintzeï, ne correspond nullement à l'extérieur

de la cabane de paysan indiquée à l'acte Ier comme étant le logis du samuraï.
La danse de la geisha dont s'émerveillent les invités est, naturellement, toute
de fantaisie.., Mais Yagoro trouble la fête ; l'aberration sévit avec lui : elle
égare davantage, dépayse totalement et mue en baliverne l'action qui suit. Le
trop long colloque qui se tient entre Yagoro, enfin armé pour les représailles,
et Kintzeï, révolté contre son serment de venger son seigneur, est absolument
antijaponais. Les indécisions, les flottements, les roucoulements de Miya, qui
tour à tour pousse et retient son amant, sont stupéfiants pour qui connaît la
légende des Ronins où les femmes témoignent, autant que les hommes, de déci-
sion, de stoïcisme sans phrases et se tuent sur place afin que l'époux n'ait point
prétexte à demeurer et soit stimulé par une haine particulière dans sa coopéra-
tion à la vengeance mutuelle. Les caresses, ici, sont de trop.

Le dénouement grandiose des *Quarante-sept Ronins* fut pollué en Odéon par un flux d'absurdités d'Ambigu.

Les gens d'Osaka ont soigneusement préparé l'envahissement du *yashiki* de Sendaï ; ils y procèdent de vive force par la petite porte, peut-être, mais point sous des défroques de baladins. Leur vengeance, ils l'exécutent en corps, le plus officiellement possible. — Yagoro se heurtant à son fils Sayemone, officier de Sendaï, n'appartient pas à la réalité ; c'est un incident explétif et superfétatoire ; le dialogue qu'il provoque n'est pas d'inspiration japonaise. — Sendaï est pris, on l'amène ; il ne peut se

Dessins de Yeutchi Shuncho.

Le shôgun qui aurait dû
être produit en place
de l'Empereur.

M. CHAMBREUIL,
l'Empereur produit à tort en Odéon.

redresser avec l'air très grand seigneur car, en vérité, on l'a tiré d'un cellier à
provisions et son vêtement devrait garder de la poussière accusatrice de sa
lâcheté ; c'est à contre-cœur, sans morgue et presque par égarement affolé que
ce poltron doit faire harakiri. Là-dessus, l'ignorance d'Odéon fait survenir
l'empereur et, pour comble, un empereur haut de près de deux mètres !
L'empereur, en 1703, mais il était confiné au fond de son palais, dans un
isolement superbe et très strict.

Le shôgun seul était maître. Et le shôgun, pas plus que l'empereur, ne peut,
en pleine nuit, dans la neige, à pied, sous la seule escorte d'un conseiller et de
trois porte-lampions, parvenir au yashiki de Sendaï juste à l'instant où l'exécution s'achève. On sent trop que ces personnages attendaient en coulisses.
Que n'y restèrent-ils ! L'empereur faux, l'empereur inopportun conclut la
tragédie japonaise par un expédient à la Bouchardy. On frappera du fourreau

d'un sabre les joues de Yagoro et puis chacun s'en ira coucher... Battre d'un fourreau vide le visage de Yagoro, c'était apporter une dernière extravagance, une suprême sottise dans la grandiose et surhumaine aventure des Ronins !

Dessin de Yeutchi Shuncho.

Odéon. — (1ᵉʳ Acte). — Arrivée de Siodji, fils de Sendaï.

Et combien ce dénouement semble niais quand on le compare à l'épilogue vrai de *Tchoushingoura* où les quarante-sept fidèles, ayant apporté au sépulcre de leur seigneur la tête coupée de Kira Kozoukénokami Yoshinaka, se for-

Dessin de Yeutchi Shuncho

Odéon. — (Acte II). — Le harakiri d Osaka.

mèrent en trois lignes autour de cette tombe, s'assirent et ensemble se coupèrent le ventre.

A l'ombre du temple de Sengakouji, la piété japonaise garde, en quarante-sept tombes, rangées sur les mêmes lignes où se suicidèrent les Ronins, un incomparable monument d'héroïque fidélité.

Tchoushingoura devait éprouver à l'Odéon toutes les mésaventures. Le décorateur et le dessinateur de costumes — cependant artistes de valeur — criblèrent d'inexactitudes matérielles l'imparfaite adaptation imaginée par M. Anthelme. Nous avons signalé au passage les fantaisistes conceptions du décor. Le costume ne fut pas mieux traité, tant au point de vue de sa documentation qu'à celui de son utilisation dans les circonstances de l'action. Il résultait de ce dernier défaut les contre-sens les plus curieux : les acteurs ne portaient presque jamais le vêtement convenable à la situation exposée. Le spectacle, parfois, prenait l'aspect le plus inattendu.

Dessin de Yeutchi Shuncho

Un samuraï d'Akô au théâtre japonais.

Les samuraïs de Sendaï sont habillés comme des domestiques, et sont coiffés de perruques d'acteurs comiques; le jour de son mariage, Miya, fille du sévère Yagoro, arbore une robe de courtisane, etc. Mais l'erreur la plus typique est bien celle commise à propos de l'accoutrement de Yagoro — M. Joubé la rendit grotesque — et à propos de l'équipement des samuraïs d'Osaka. En place du costume de cérémonie, dont ils doivent être revêtus dans la maison de leur seigneur, ces guerriers et leur chef sont couverts d'une casaque à bariolures violentes. Or, cette casaque ils ne la devraient porter qu'au moment de l'attaque de Sendaï, et à ce moment, naturellement, ils ne l'ont pas : injustement, on les a habillés en saltimbanques troussés jusqu'à mi-cuisse, ce qui, au point de vue japonais, est une balourdise inouïe.

On comprendra la drôlerie de cette incorrection quand on saura que le vêtement bigarré dont il s'agit est un affublement de pompier que les Ronins endossèrent en manière d'uniforme, si l'on peut ainsi dire, pour donner l'assaut à leur ennemi, car jamais ils n'eussent pu marcher en armes à travers la ville. De sorte que durant toute la première partie de l'action le seigneur d'Akô a chez lui, sans qu'il s'en étonne et le trouve mauvais, tous ses officiers travestis en pompiers... et beaucoup d'eux augmentent cette singularité en arborant le hatchimaki, ruban en diadème dont ils ceignent leur crâne, le hatchimaki qu'on ne portait qu'à la guerre et seulement dans certaines circonstances.

Dessin de Yeutchi Shuncho.

Odéon. — (Acte V). — La mort du prince de Sendaï.

La documentation du costume fut — c'est de toute évidence — prise dans les estampes. Or, au Japon, l'estampe, imagerie pour paysans, n'a aucune valeur documentaire. Le costume convenable, on l'eut trouvé dans les recueils spéciaux (emakimono), et à nombre de sources encore plus accessibles, on pouvait assurer l'entier établissement de son détail.

Dans le temple de Sengakouji, à Takanawa, auprès duquel reposent le seigneur Akō et ses fidèles, on conserve intacts les armes, l'habillement, non seulement de Öishi Yoshio (le faux Yagoro de l'Odéon), mais encore de ses assistants dans son entreprise contre Kira Kozoukénokami : on garde tous les accessoires de l'héroïque aventure, tous, y compris le marteau avec lequel fut enfoncée

Dessin de Yeutchi Shuncho.

Au théâtre japonais, la mort de Ko no Moronao,
équivalant à la mort du prince de Sendaï d'Odéon.

la porte du *yashiki* ; il n'était guère difficile d'avoir des renseignements touchant ces précieuses reliques.

Le costume du pseudo Yagoro est traditionnel au Japon, aussi traditionnel que le costume de Faust ou celui de Napoléon chez nous ; tous les théâtres le possèdent ; on en a donné reproduction maintes et maintes fois. La revue illustrée *Yen-gei-gaho* — pour ne pas aller chercher plus loin — qui s'édite à Tôkyô, publiait dans son fascicule du 28 novembre 1910, entre autres documents intéressant les célèbres drames japonais dérivés de *Tchoushingoura*, les portraits de plus de vingt acteurs illustres ayant tenu le rôle de Öboshi Youranoçouké (le faux Yagoro d'Odéon).

Samuraï de Ko no Moronao
au théâtre japonais.
(attitude de combat au sabre).

Samuraï d'Akō
au théâtre japonais.

Ce numéro ne coûte guère que soixante-dix centimes, moins cher, par conséquent, qu'un voyage en auto-place au musée Guimet, et il pouvait, à lui seul, donner tout le document nécessaire pour monter honnêtement *l'Honneur japonais*, puisque Honneur il y avait.

Mais l'Odéon transnovateur a voulu avoir sa vérité à lui. Soit. Mais il n'était peut-être pas inutile, de fixer la valeur de cette vérité, ainsi que celle du succès qu'on lui fit.

ANGERS. — IMPRIMERIE A. BURDIN ET Cⁱᵉ, 4, RUE GARNIER.